¿Qué tipo de animal es?

Muchos tipos de animales

Molly Aloian y Bobbie Kalman

🌳 Crabtree Publishing Company

www.crabtreebooks.com

Muchos tipos de animales

Serie creada por Bobbie Kalman

Dedicado por John Siemens
Para Erika, Matthew y Katherine, mi tipo de animales.

Editora en jefe
Bobbie Kalman

Equipo de redacción
Molly Aloian
Bobbie Kalman

Editora de contenido
Kathryn Smithyman

Editoras
Robin Johnson
Kelley MacAulay
Reagan Miller

Diseño
Katherine Kantor
Robert MacGregor (logotipo
de la serie)

Coordinación de producción
Katherine Kantor

Investigación fotográfica
Crystal Foxton

Consultor lingüístico
Dr. Carlos García, M.D., Maestro bilingüe de Ciencias, Estudios Sociales y Matemáticas

Consultora
Patricia Loesche, Ph.D., Programa sobre el comportamiento de animales,
   Departamento de Psicología, University of Washington

Ilustraciones
Barbara Bedell: páginas 4 (todas excepto la rana), 6 (arriba, izquierda y derecha),
   9 (babosa), 10 (arriba, izquierda y derecha), 12, 17 (todas menos el gusano con cerdas),
   20 (milpiés), 22 (caballito de mar), 26, 27, 29 (inferior), 30, 32 (todas excepto los anfibios
   y mamíferos)
Anne Giffard: página 15
Katherine Kantor: páginas 5 (serpiente), 10 (serpiente), 29 (superior)
Cori Marvin: página 14
Jeannette McNaughton-Julich: página 28 (arriba, izquierda y derecha)
Margaret Amy Reiach: páginas 5 (todas excepto la serpiente), 6 (caracol), 8, 9 (pulpo),
   18, 19, 20 (todas excepto el milpiés), 21, 22 (pez)
Bonna Rouse: páginas 7, 11, 16, 17 (gusano con cerdas), 24, 25, 28 (inferior),
   32 (anfibios y mamíferos)
Tiffany Wybouw: página 4 (rana)

Imágenes de Bobbie Kalman: página 28; Adobe Image Library, Brand X Pictures, Corbis,
Corel, Creatas, Digital Stock, Digital Vision, Eyewire, Otto Rogge Photography y Photodisc

Traducción
Servicios de traducción al español y de composición
   de textos suministrados por translations.com

Crabtree Publishing Company

www.crabtreebooks.com   1-800-387-7650

Cataloging-in-Publication Data
Aloian, Molly.
   [Many kinds of animals. Spanish]
   Muchos tipos de animales / written by Molly Aloian & Bobbie Kalman.
      p. cm. -- (¿Qué tipo de animal es?)
   Includes index.
   ISBN-13: 978-0-7787-8832-4 (rlb)
   ISBN-10: 0-7787-8832-6 (rlb)
   ISBN-13: 978-0-7787-8868-3 (pbk)
   ISBN-10: 0-7787-8868-7 (pbk)
   1. Animals--Juvenile literature. I. Kalman, Bobbie, 1947- II. Title. III. Series.
   QL49.A44518 2006
   590--dc22   2005036523
                                                          LC

**Publicado en
los Estados Unidos**

PMB16A
350 Fifth Ave.
Suite 3308
New York, NY
10118

**Publicado en
Canadá**

616 Welland Ave.,
St. Catharines, Ontario
Canada
L2M 5V6

**Publicado en el
Reino Unido**

White Cross Mills
High Town, Lancaster
LA1 4XS
United Kingdom

**Publicado en
Australia**

386 Mt. Alexander Rd.,
Ascot Vale (Melbourne)
VIC 3032

Contenido

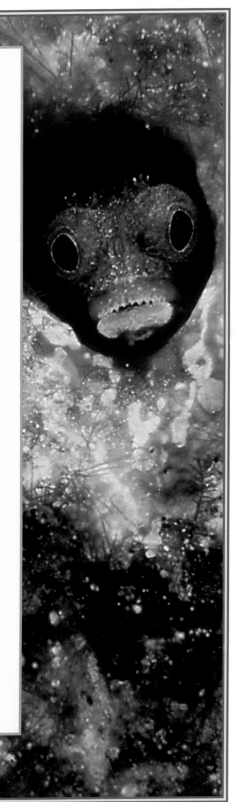

¿Qué son los animales?

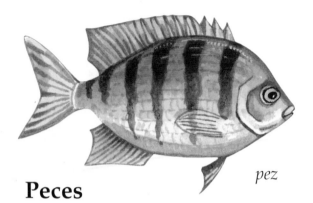

Los animales son seres vivos. Viven en todas partes del mundo. Unos viven en el agua y otros, en la tierra. Hay muchos grupos de animales. En estas páginas puedes ver varios grupos. ¿Cuántos de estos animales conoces?

pez

Peces
Los peces son un grupo de animales.

caracol

Moluscos
Los caracoles pertenecen a un grupo de animales llamados **moluscos**.

Anfibios
Los anfibios son un grupo de animales. Las ranas son **anfibios**.

rana

gusano

Gusanos
Los gusanos son otro grupo de animales. Hay muchas clases de gusanos.

araña

Artrópodos
Los **artrópodos** son el grupo de animales al que pertenecen las arañas.

4

serpiente

Reptiles

Las serpientes pertenecen a un grupo de animales llamados **reptiles**.

Aves

Las aves forman su propio grupo.

ave

oso

gato

Mamíferos

Los **mamíferos** son un grupo de animales. Los osos y los gatos son mamíferos. Las personas también lo somos.

Una serpiente es un reptil. Las serpientes tienen escamas en el cuerpo.

escamas

Otros animales tienen el cuerpo cubierto de otras cosas. Los mamíferos tienen pelo o vello. Los reptiles están cubiertos de **escamas**. Las aves están cubiertas de plumas. Los artrópodos están cubiertos por su **exoesqueleto**.

exoesqueleto

Los escarabajos son artrópodos. Tienen exoesqueleto. El exoesqueleto es una cubierta dura.

La mayoría de los peces también están cubiertos de escamas.

Los caracoles son moluscos. Su cuerpo está cubierto por una concha dura.

Las aves tienen plumas en el cuerpo. Las plumas les ayudan a volar.

Los seres humanos son mamíferos. Los seres humanos tenemos pelo.

Las salamandras son anfibios. Tienen la piel lisa y viscosa.

Este perro es un mamífero. Los perros están cubiertos de pelo.

Columna vertebral

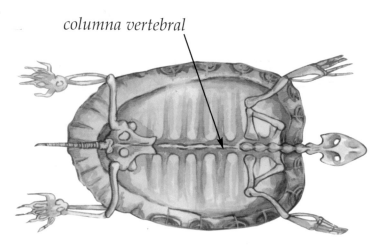

columna vertebral

La columna vertebral de la tortuga está dentro de su cuerpo.

Algunos animales tienen **columna vertebral**. La columna vertebral está dentro del cuerpo. Está formada por un grupo de huesos a lo largo de la espalda del animal. Las personas también tienen columna vertebral.

caparazón

El caparazón de la tortuga está unido a su columna.

Sin columna vertebral

La mayoría de los animales de la Tierra no tienen columna vertebral. En realidad, ¡ni siquiera tienen huesos!

Las medusas no tienen columna vertebral.

Los milpiés no tienen columna vertebral.

Las babosas no tienen columna vertebral.

Cuerpo blando

Muchos animales sin columna vertebral tienen cuerpo blando. Los pulpos tienen cuerpo blando. Los pulpos son moluscos.

¿Sangre fría o caliente?

La mayoría de los animales son de **sangre fría**. La temperatura del cuerpo de estos animales no se mantiene igual, sino que cambia. Cuando hace calor, tienen el cuerpo caliente. Cuando hace frío, tienen el cuerpo frío. Si un animal de sangre fría necesita calentarse, se pone al sol.

Los reptiles son animales de sangre fría.

Esta rana toro es un anfibio de sangre fría. Está tomando el sol para calentarse.

Sangre caliente

El cuerpo de los animales de **sangre caliente** es caliente. Su temperatura no cambia mucho. Se mantiene casi igual aunque los animales estén en lugares fríos. Los mamíferos, como los osos, son animales de sangre caliente. Las personas también tienen sangre caliente.

Las aves son animales de sangre caliente. Los loros son un tipo de ave.

11

¿Dónde viven los animales?

Distintos animales viven en diferentes **hábitats**. Un hábitat es el lugar natural donde vive un animal. Los bosques, desiertos y campos son hábitats de animales. ¡Algunos animales viven en lugares helados!

Mucho frío

Los pingüinos que aparecen a la izquierda son aves. Viven en la Antártida. La Antártida es un lugar que siempre está frío. Casi toda la Antártida está cubierta de nieve y hielo. Los pingüinos viven en el hielo y nadan en el agua fría.

Muchos lagartos viven en desiertos cálidos. Los desiertos son hábitats en los que llueve muy poco.

Los mapaches viven en los bosques. El hogar de este mapache es un árbol.

Vivir en el agua

Los peces y muchos otros tipos de animales viven en el agua. La mayoría de estos animales saben nadar. Algunos animales que viven en la tierra también saben nadar. Menciona tres animales terrestres que sepan nadar. ¿Tú sabes nadar?

Las nutrias de mar viven en el agua.

En movimiento

Los animales se mueven de un lugar a otro de distintas maneras. Algunos caminan o corren. Otros saltan. Unos vuelan y otros nadan. Mira cómo se mueven estos animales. ¿Cómo te mueves tú en el agua? ¿Cómo subes una colina?

Las mariposas vuelan batiendo sus alas.

Los caballos caminan o corren. También pueden nadar y saltar.

14

La mayoría de las aves vuelan. Esta águila pescadora vuela de un lugar a otro en busca de alimento.

Las serpientes **reptan**. Reptar quiere decir arrastrarse sobre el vientre.

En la tierra, los tigres caminan o corren. En el agua, nadan.

Los canguros saltan. Tienen patas traseras fuertes para saltar.

El saltamontes es otro animal que salta.

Esponjas, estrellas de mar y corales

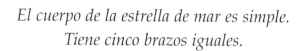

Las esponjas, las estrellas de mar y los corales no parecen animales, pero en realidad lo son. Estos animales no tienen cabeza ni cerebro. Las esponjas, las estrellas de mar y los corales viven en los océanos.

El cuerpo de la estrella de mar es simple.
Tiene cinco brazos iguales.

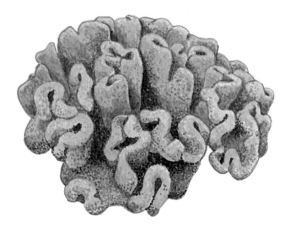

Los corales pueden tener distintos colores.
Pueden ser rosados, anaranjados o verdes.

Esta esponja tubo parece una planta,
pero es un animal.

Gusanos

Hay muchas clases de gusanos. Algunos viven bajo el suelo. Otros viven en el océano. Los gusanos que viven bajo la tierra tienen el cuerpo blando, largo y delgado. ¡Algunos de los gusanos que viven en el océano parecen árboles de Navidad!

Los gusanos árbol de Navidad viven en el océano.

*Los gusanos con cerdas también viven en el océano. En el cuerpo, tienen diminutos pelos llamados **cerdas**.*

*Las lombrices viven en la tierra. Esta lombriz está en su **madriguera**. Una madriguera es un hogar subterráneo.*

Moluscos

Los moluscos son animales de cuerpo blando. No tienen columna vertebral, pero la mayoría tiene concha. Algunos viven en la tierra y otros, en el agua. La Lima scabra que aparece a continuación es un molusco que vive en el agua.

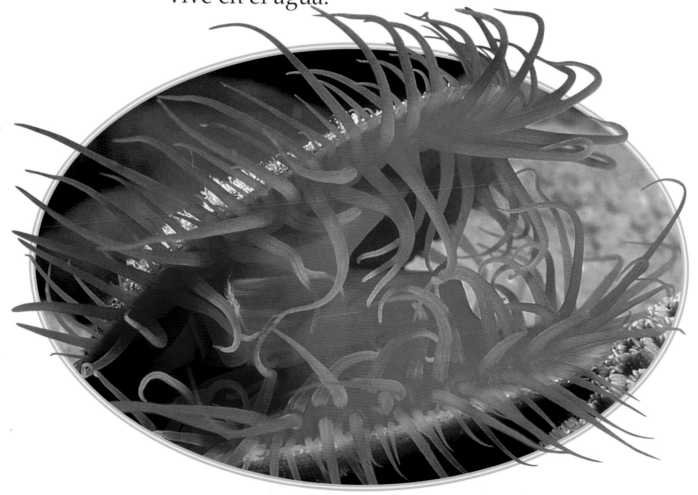

Las almejas tienen dos conchas
que protegen su cuerpo blando.

Los caracoles son moluscos con concha.

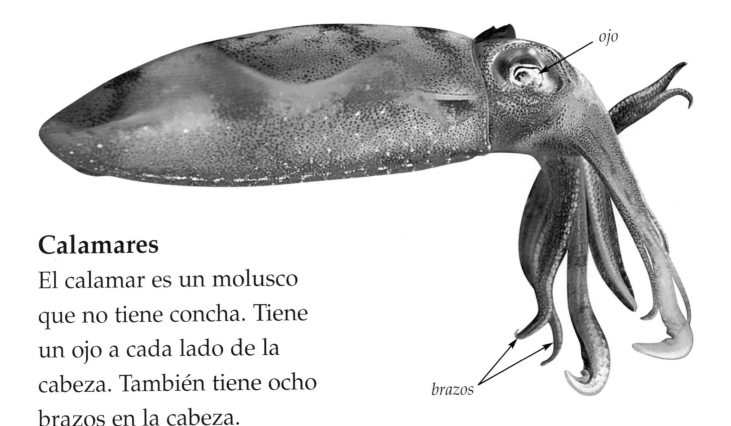

ojo

brazos

Calamares

El calamar es un molusco
que no tiene concha. Tiene
un ojo a cada lado de la
cabeza. También tiene ocho
brazos en la cabeza.

19

Animales llamados artrópodos

Hay millones de artrópodos sobre la Tierra. Todos los artrópodos tienen patas que se doblan. Los insectos, los cangrejos y las arañas son artrópodos.

¡Un montón de patas!
Los insectos son artrópodos de seis patas. Las arañas son artrópodos de ocho patas. ¡Hay artrópodos que tienen más de cien patas!

La araña tiene ocho patas.
Cada una se puede doblar.

¡Algunos tipos de milpiés tienen más de cien patas!

El cangrejo es un artrópodo de diez patas.

Alas maravillosas

Algunos artrópodos tienen alas. Las mariposas, las abejas y las moscas son artrópodos con alas. Las usan para ir de un lugar a otro.

Muchas mariposas tienen alas de colores.

Muchos tipos de peces

Los peces viven en el agua. Son animales de sangre fría y tienen columna vertebral. La mayoría de los peces tienen escamas en el cuerpo. Hay peces de todas las formas, colores y tamaños. Algunos son muy pequeños. Otros son grandes. ¡Algunos tiburones son enormes!

El caballito de mar tal vez no parezca un pez, pero lo es.

La morena es un pez que parece una serpiente.

Las aletas de los peces

Los peces no tienen patas para moverse de un lugar a otro. En cambio, tienen **aletas**. Los peces usan las aletas para nadar en el agua. Las aletas pueden ser de distintas formas y tamaños.

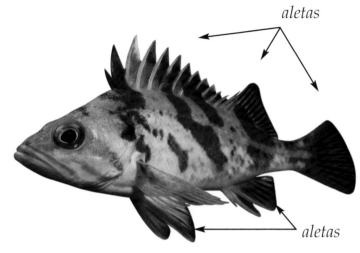

aletas

aletas

La raya venenosa es un tipo de pez. Sus aletas tienen forma de alas.

Este tiburón tiene aletas grandes. Las usa para nadar rápidamente.

 # Anfibios

*Las ranas jóvenes se llaman **renacuajos**. Los renacuajos viven en el agua. Las ranas adultas viven en la tierra.*

Las ranas y los sapos son anfibios. Los anfibios son animales que viven en el agua y en la tierra. Cuando son jóvenes, viven en el agua. Cuando son adultos, viven en la tierra.

Sapos y ranas

A veces es difícil ver la diferencia entre un sapo y una rana. Los sapos suelen tener la piel seca y rugosa. Las ranas suelen tener la piel mojada y lisa. Los sapos tienen patas traseras cortas. Las patas traseras de las ranas son más largas.

La piel de este sapo es muy rugosa.

salamandra

Anfibios con cola

Las salamandras y los tritones son anfibios. Estos animales tienen cola. Las ranas y los sapos no tienen cola.

tritón

25

⚡Reptiles⚡

Las tortugas y los lagartos
son dos tipos de reptiles.
La mayoría tiene cuatro patas,
¡pero algunos no tienen ninguna!

¿De qué tamaño?

Algunos reptiles son pequeños. La
salamanquesa es un reptil pequeño.
Otros reptiles son grandes. Los
cocodrilos y caimanes son reptiles
grandes y fuertes.

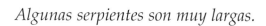

Algunas serpientes son muy largas.

Los lagartos son reptiles. Como todos los reptiles, están cubiertos de escamas.

Caparazones

Las tortugas son reptiles. Algunas viven en el agua. Otras viven en la tierra. Ambas tienen caparazones. Se mueven lentamente en la tierra porque sus caparazones son pesados.

Las tortugas de tierra tienen patas fuertes para cargar su pesado caparazón.

Las tortugas de mar viven en el agua la mayor parte del tiempo.

27

Hermosas aves

Hay muchas clases
de aves en la Tierra.
Algunas son grandes
y otras, muy pequeñas.
Las aves son los únicos
animales que tienen
plumas. También tienen
dos alas. La mayoría
puede volar, pero
no todas.

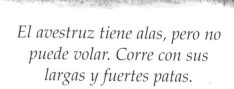

Estos loros tienen plumas de colores.

El avestruz tiene alas, pero no puede volar. Corre con sus largas y fuertes patas.

28

¡Qué pico!

Todas las aves tienen pico. El pico puede ser largo y angosto o corto y curvo. Muchas aves lo usan para construir sus hogares, llamados **nidos**. Las aves también usan el pico para encontrar alimento. Luego lo usan para transportarlo.

La grulla es un ave que vive en el agua. Usa su largo pico para atrapar peces.

Las crías de aves se llaman **pichones**. Estos pichones tienen el pico bien abierto. Están en el nido, esperando que les den de comer.

El tucán usa su largo pico para tomar frutas de los árboles. También lo usa para atrapar insectos y pequeños reptiles para comer.

Mamíferos

Los mamíferos son animales de sangre caliente. Todos tienen columna vertebral. Hay muchas clases de mamíferos. Los perros, los gatos, los caballos, las ballenas y los delfines son mamíferos. ¡Las personas también lo somos!

Este niño y su gato son mamíferos.
¡Tú también eres un mamífero!

Algunos mamíferos viven en el agua. Los delfines son mamíferos que viven en el agua.

Las crías de los mamíferos

La mayoría de las hembras cuidan a sus crías recién nacidas. Las hembras de los mamíferos producen leche dentro de su cuerpo para alimentar a sus crías. Las crías de los mamíferos beben leche durante semanas o meses. Cuando tienen edad suficiente, la madre les enseña cómo encontrar alimento sin ayuda.

Las crías de los mamíferos se parecen a sus padres.

*Las crías se **amamantan**, o beben leche del cuerpo de la madre. Estas dos crías de tigre se están amamantando.*

Palabras para saber e índice

anfibios
páginas 4, 7, 10, 24-25

artrópodos
páginas 4, 6, 20-21

aves
páginas 5, 6, 7,
11, 12, 15, 28-29

gusanos
páginas 4, 17

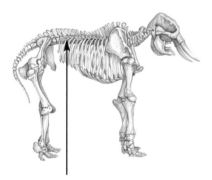

columna vertebral
páginas 8-9, 18, 22, 30

desierto   *bosque*

hábitats
páginas 12-13

mamíferos
páginas 5, 7, 11, 30-31

moluscos
páginas 4, 6, 9, 18-19

peces
páginas 4, 6,
13, 22-23, 29

reptiles
páginas 5, 6, 10, 26-27, 29

1 2 3 4 5 6 7 8 9 0 Impreso en Canadá 5 4 3 2 1 0 9 8 7 6